BEI GRIN MACHT SICH IHR WISSEN BEZAHLT

AF145697

- Wir veröffentlichen Ihre Hausarbeit,
  Bachelor- und Masterarbeit

- Ihr eigenes eBook und Buch -
  weltweit in allen wichtigen Shops

- Verdienen Sie an jedem Verkauf

Jetzt bei www.GRIN.com hochladen
und kostenlos publizieren

Bibliografische Information der Deutschen Nationalbibliothek:

Die Deutsche Bibliothek verzeichnet diese Publikation in der Deutschen National-bibliografie; detaillierte bibliografische Daten sind im Internet über http://dnb.d-nb.de/ abrufbar.

Impressum:

Copyright © 2019 GRIN Verlag
Druck und Bindung: Books on Demand GmbH, Norderstedt Germany
ISBN: 9783668989276

Dieses Buch bei GRIN:

https://www.grin.com/document/491569

Helene Fraas

Die satirische Verserzählung des Mittelhochdeutschen in "Reinhart Fuchs"

GRIN Verlag

GRIN - Your knowledge has value

Der GRIN Verlag publiziert seit 1998 wissenschaftliche Arbeiten von Studenten, Hochschullehrern und anderen Akademikern als eBook und gedrucktes Buch. Die Verlagswebsite www.grin.com ist die ideale Plattform zur Veröffentlichung von Hausarbeiten, Abschlussarbeiten, wissenschaftlichen Aufsätzen, Dissertationen und Fachbüchern.

Besuchen Sie uns im Internet:

http://www.grin.com/

http://www.facebook.com/grincom

http://www.twitter.com/grin_com

Inhaltsverzeichnis

1 Einleitung

Die Verssatire zählt zu den zentralen Gattungen mittelalterlicher Literatur. Dabei werden die Begriffe Satire und Parodie in der heutigen Gesellschaft oftmals in synonymischer Bedeutung verwendet, obwohl sie schon seit dieser Zeit unterschiedliche Bedeutungshorizonte aufweisen. Im Allgemeinen galt die Satire bzw. die Parodie als Form um Zeit- und Kunstkritik zu äußern indem man sarkastischen oder ironischen Spott betrieb. Um jedoch die Komplexität dieser Begriffe weiterführend darzustellen bedarf es Grundkenntnissen gattungsübergreifender literarischer, sowie sprachlicher Merkmale. Im Besonderen wenden wir uns dabei der Literatur von Heinrich dem Glîchezâre oder auch „Heinrich dem Betrüger" zu, welcher als Koryphäe der damaligen Satirekunst galt. Anhand des Werkes „Reinhart Fuchs" wird die satirische und parodische Ebene des Mittelalters näher beleuchtet um nachfolgend in analytischer Weise Belege für satirische Verwendungen an einem Textausschnitt zu finden. Basieren wird dies auf einem Ausblick über die Zeit des Mittelalters, speziell die Zeit des Reinhart Fuchses, Satire und Parodie, welcher definitorischen Zwecken dient. Ziel der Arbeit ist es die Arten der satirischen Verwendungsweisen und dessen interpretatorische Bedeutung am Reinhart Fuchs aufzuzeigen und durch eine nähere Analyse zu untermalen.

2 Das Mittelalter – ein Zeitüberblick

Das Zeitalter des Mittelalters ist kulturgeschichtlich gesehen sehr weitläufig und umfassend. Es wurde kein fester Zeitpunkt des Beginns definiert, jedoch gilt der Antritt des Kaisers Konstantin um 306 n. Chr. als grobe Richtlinie.[1] Auch das Ende des Mittelalters lässt sich an vielen geschichtlich relevanten Ereignissen festmachen. Dazu gehört u. a. die Erfindung des Buchdrucks um 1450 oder der Untergang des römischen Reiches um 1453. Der Begriff des Mittelalters lässt daher nur eine grobe Zeitdefinition zu und ist sehr problematisch einzugrenzen. Die Literaturgeschichte des Mittelalters wird in verschiedene Phasen unterteilt. Zum einen in den althochdeutschen Zeitabschnitt, welcher sich von 750 bis ca. 1050 erstreckte.[2] Ein literarisch bekanntes Werk aus diesem Zeitraum sind die Merseburger Zaubersprüche. Weiterhin erfolgt eine Unterteilung des Frühmittelhochdeutschen von ca. 1050 bis 1170, welchem die mittelhochdeutsche Klassik von 1170 bis 1230 folgte. In dieser Zeit sind die wohl bekanntesten Werke, wie das „Nibelungenlied" oder „Erec" entstanden. Ebenso war der Minnegesang populär und die Gattung der Heldendichtungen. Der mittelhochdeutschen Klassik folgte die nachklassische Zeit von 1230 bis 1300, an welcher sich das Spätmittelalter anschließt und bis etwa 1450 andauerte. Danach wird die frühe Neuzeit eingeleitet, begleitet durch den Humanismus.[3] Alle Abschnitte des Mittelalters haben jedoch eine Gemeinsamkeit: während des Fortlaufens der Jahrzehnte, erfolgte ein Übergang von der Mündlichkeit zur Schriftlichkeit.[4] Viele mündliche Erzählungen und Dichtungen wurden von Gelehrten aufgeschrieben und somit weitergegeben. Diese Art von Texten bezeichnet man als mediale

---

[1] Als Quelle diente hierbei der Reader für das Basismodul Germanistische Mediävistik. Bezogen wurde sich hierbei auf die Einführung und Fachgeschichte (1. Sitzung).
[2] vgl. Ruffing, Reiner. Deutsche Literaturgeschichte. München: Wilhelm Fink Verlag 2013, S. 23.
[3] Als Quelle diente hierbei der Reader für das Basismodul Germanistische Mediävistik. Bezogen wurde sich hierbei auf die Einführung und Fachgeschichte (1. Sitzung).
[4] vgl. Bahr, Ehrhard (Hg.): Geschichte der deutschen Literatur. Vom Mittelalter bis zum Barock. Tübingen. Francke Verlag 1987, S.10.

Schriftlichkeit. [5] Beispiele dafür, sind u. a. das „Hildebrandslied" und „Nibelungenlied". Dabei wurden viele Einzelheiten umgeändert und das einst mündlich Überlieferte auf eine neue Ebene gehoben. Viele Erzählungen erfuhren eine Überarbeitung, weshalb es nun mehrere Fassungen und Handschriften einer Dichtung gibt. Auch die Texte zugehörig zur Gattung der konzeptionellen Schriftlichkeit nahmen zu. Ein Grund hierfür ist die steigende Bereitschaft des Volkes sich weiterbilden zu wollen und unterhalten zu werden. Es wurden Texte, wie z. B. das „Nibelungenlied" gedichtet und konzipiert und dann vor dem höfischen Publikum präsentiert und vorgetragen.

3 Die Zeit des Reinhart Fuchs

Um den Roman Reinhart Fuchs von Heinrich der Glîchezâre zeitgeschichtlich einzuordnen bedarf es einer Unterteilung des Mittelalters in verschiedene geschichtliche Epochen. Zunächst begann das Frühmittelalter, dem folgte das Hochmittelalter, schließlich wurde das Spätmittelalter eingeleitet und dauerte bis ca. 1450 an. Abhängig von den jeweils regierenden Herrschergeschlechtern, sind die einzelnen Abschnitte noch in Perioden zu unterteilen, z. B. in die Periode der Karolinger, der Ottonen, der Merowinger oder die der Staufen. Das Werk Reinhart Fuchs ist der staufischen Periode zuzuordnen und fällt in die Zeit des staufisch-welfischen Thronstreits. Diesbezüglich herrschte ein Disput zwischen Philipp von Schwaben, ein geborener Staufer, und Otto IV, ein geborener Welfe. Heinrich der IV verstarb, weshalb eine Unsicherheit über die Thronfolge entstand, da der Sohn Heinrichs, Friedrich, erst drei Jahre alt und somit zu jung für den Thron war. Daher wurde u. a. Otto IV, welcher der Sohn Heinrich de Löwen war, und Philipp von Schwaben, der jüngere Bruder Heinrich des IV, vorgeschlagen. Philipp wurde aus Angst vor den Ansprüchen der Welfen auf den Thron, im März 1198 zum König gekrönt. Fast zeitgleich erfolgte jedoch eine Gegenkrönung Otto IV im Juni 1198 Geschichtlich gesehen bedeutet dies, dass man parallel zwei Könige

---

[5] Als Quelle diente hierbei der Reader für das Basismodul Germanistische Mediävistik. Bezogen wurde sich hierbei auf die Heldenepik (3. Sitzung).

gekrönt hatte und nun der Streit um die Krone ausbrach. Ebenso ein geschichtlich wichtiger Aspekt ist die Weiterentwicklung der Ritterkultur aufgrund des Thronstreits. Sie begann sich voll zu entfalten und zählte zu den wesentlichen gesellschaftlich-konventionellen Inhalten. [6] Für die damalige Gesellschaft war es wichtig hoch angesehen zu sein und dem Rittertum anzugehören. Einem Ritter wurden bestimmte Tugenden, wie Ehre, Stärke oder Kampfbereitschaft zugeordnet, weshalb er eine sehr hohe gesellschaftliche und höfische Stellung genoss. Dieses Idealbild spiegelte sich auch in der Thematik der Literatur wider. Höfische Ritter, schöne Damen, Tugenden und die Bedrohung dieser wurden oftmals in den Dichtungen und Minnegesang dargestellt. Besonders die Ritter gingen als Helden hervor, nachdem sie sich beweisen mussten und als Helden aus einem erbitterten Kampf um die Ehre, hervorgingen. Die Autoren der damaligen Zeit nahmen sich dabei die französische Adelskultur zum Vorbild und richteten ihre Minne und Literatur auf die Sprache, die Mode, die Musik und die Architektur der französischen Kultur aus. Erstaunlich dabei war jedoch, dass die meisten Texte ohne Autoren gekennzeichnet und daher oftmals überarbeitet und umgedichtet wurden. Es gibt heutzutage viele Handschriften bezüglich eines Textes.

4 Heinrich der Glîchezâre – eine Satirekoryphäe

In der Schreibform waren sich die Autoren und Dichter ebenso einig. Sie gebrauchten keine vulgäre Sprache, dafür aber viele Fremd- oder Lehnwörter, vor allem aus dem Französischen. Man charakterisiert diese Art von Dichtersprache heute noch als höfisch-stilisiert. Ebenso verwendeten man nur reine Reime also jene, die über eine genaue Übereinstimmung der Laute verfügen. Auch Heinrich der Glîchezâre verwendete diese Reimform, was an seinem Werk „Reinhart Fuchs" ersichtlich ist:

---

[6] vgl. Bahr, Ehrhard (Hg.): Geschichte der deutschen Literatur. Vom Mittelalter bis zum Barock. Tübingen. Francke Verlag 1987, S.104.

„Scantecler bi der want slief,
vor Pinte schre: ‚er!' vnde rief
vnde vloch bi eine swellen
mit andern iren gellen. [...]"
(V. 55-58)

Reinhart Fuchs ist gegen Ende des 12 Jahrhunderts entstanden und publiziert worden und gilt daher als mittelhochdeutscher Text. Zu dieser Zeit erlebte die Literatur einen grundsätzlichen Wandel, dessen Gründe sehr vielschichtig und als schwer zu beschreiben gelten. Die literarische Dichtung und Kunst wendete sich von dem geistlichen Einfluss der gelehrten Autoren ab und widmete sich mehr der weltlichen Literatur. [7] Es folgte also eine Verweltlichung der Literatur, sodass auch das Bürgertum nun Interesse an Dichtungen und Minnesang zeigte. Mittlerweile gibt es so viele Fassungen von Reinhart Fuchs, dass es notwendig geworden ist die Auflage des Buches, auf das wir uns im Weiteren beziehen werden, mitanzugeben. Der Grund hierfür ist sehr simpel: die Geschichte vom Fuchs Reinhart fand großen Anklang und Widerhall und wurde daher in vielen Variationen weitererzählt. [8] Dieser mittelhochdeutschen Fassung liegt folgende Fassung zu Grunde: Das mittelhochdeutsche Gedicht vom Fuchs Reinhart, nach den Casseler Bruchstücken und der Hs. Cod. Pal. germ. 341 hrsg. Von Georg Baesecke, 2. Auflage bes. von I. Schröbler. [9] Diese Literatur ist sehr zeitkritisch zu sehen und hat eine gewisse Lehrmotivation in sich. Zitiert man hierbei die Rückseite des Bucheinbandes, wird diese Absicht ersichtlich: „der im Ränkespiel der Tiere die fatalen Folgen unredlicher Gesinnung und törichten Verhaltens darstellt [...] und unerbittlicher Kritiker seiner Zeit übt." Das Werk gilt als Tierepos bzw. als Zusammensetzung des sogenannten Roman de Renart, was so viel bedeutet wie Fuchsroman. Heinrich der Glîchezâre gilt als erster, der Teile des Roman de Renart zu einer zusammengesetzten

---

[7] vgl. Schlosser, Horst Dieter: dtv- Atlas. Deutsche Literatur. München: Deutscher Taschenbuch Verlag 1983, S. 48.
[8] vgl. Zumbült, Beatrix. Die europäischen Illustrationen des „Reineke Fuchs" bis zum 16. Jahrhundert. Band 1. Münster: Westfälische Wilhelms-Universität Münster 2011, S. 107.
[9] Der Glîchezâre, Heinrich: Reinhart Fuchs. Mittelhochdeutsch. Neuhochdeutsch. Stuttgart: Reclam 2005, S. 2.

Geschichte verband [10] und somit die erste zusammenhängende Fuchserzählung niederschrieb. Im Allgemeinen gilt der Roman de Renart als Parodie der französischen Dichtung zu mittelalterlicher Zeit.[11] Auch Heinrich der Glîchezâre bediente dich der satirischen Auseinandersetzung mit der Gesellschaft und der damals herrschenden Politik. Dabei kritisierte er offensichtlich das herrschende Regierungsgeschlecht der Staufer.[12] Ein Leser eines Roman de Renart ist sich immer im Klaren darüber, dass die sprechenden Tiere keine Parallelen zu Menschen aufweisen und ihnen somit keine tierischen Eigenschaften nachgesagt werden. [13] In einem Tierepos können die Hauptfiguren lediglich sprechen und bewohnen Bauden die als „Höhlen", „Burgen" oder „Stallungen" betitelt werden. Die Tiere sind selten bekleidet, wenn jedoch dann dient es einer Kostümierung. [14] Während diese Textsorte eigentlich für die mündliche Überlieferung gedacht ist, verwendet sie Heinrich der Glîchezâre auf schriftlicher Ebene und reflektiert somit das listige und untreue Verhalten des Fuchs. Dies geschieht häufig durch Vorausdeutungen und Kommentare des Erzählers. [15] Auch verstärkt Heinrich der Glîchezâre seine antihöfische Satire mit vielen Kontrasten und verzichtet bewusst auf Wiederholungen, sowohl von Wörtern als auch von Taten des Fuchses.[16]

Seine Version vermittelt das Schwankgeschehen [...] ständig aus der kritischen Distanz eines Erzählers, der sich nicht mit dem bloßen >fere rire< und mit der natürlichen Moral begnügt, die aus dem Geschehen selbst entspringt, sondern sein Publikum am Ende zur Reflexion über den Zustand einer Welt erheben will, in der einem solches widerfahren kann, wie Ysengrin geschah.[17]

---

[10] vgl. Zumbült, Beatrix. Die europäischen Illustrationen des „Reineke Fuchs" bis zum 16. Jahrhundert. Band 1. Münster: Westfälische Wilhelms-Universität Münster 2011, S. 23.
[11] vgl. ebd., S. 108.
[12] vgl. ebd., S. 23.
[13] vgl. ebd., S. 108.
[14] vgl. ebd.
[15] vgl. Bahr, Ehrhard (Hg.): Geschichte der deutschen Literatur. Vom Mittelalter bis zum Barock. Tübingen. Francke Verlag 1987, S.103.
[16] ebd.
[17] Bahr, Ehrhard (Hg.): Geschichte der deutschen Literatur. Vom Mittelalter bis zum Barock. Tübingen. Francke Verlag 1987, S.103.

5 Zur Entwicklung einer mittelalterlichen Lachkultur - Satire als realistisches Prinzip des Humors im Mittelalter

Die Satire als „die Verwendung von Sarkasmus, Ironie und Spott usw. in Wort und Schrift, um Laster, Torheit, Mißbräuche und Übel aller Art aufzuzeigen, bloßzustellen und lächerlich zu machen" [18] rückt als primären und zentralsten Gegenstand das menschliche Dasein und dessen Verhaltensweisen in den Vordergrund und übt Kritik daran. Eine Art das problembehaftete Leben und die Spannungen sowie Frustrationen eines Menschen in Bezogenheit auf die ständig komplexer werdende Zivilisation zu erfassen stellt die Satire dar. Zu Zeiten des Mittelalter und Barocks herrschte innergesellschaftlich eine Orientierung am „Ordo als allgemein verpflichtende Richtschnur des Denken und Handelns" [19] vor, der jene Menschen, welche die Grenzen der ständischen und geschlechtlichen Rollen überschritten als Satiriker darstellte. Die Satire „wurzelt [dahingehend, H.F.] in einer kritisch-aggressiven Bewußtseinslage" [20], welche die Albernheit, Boshaftigkeit und Untauglichkeit der Menschen darzustellen versucht. Dabei sind die Satire auslösenden Impulse aber weniger auf die menschliche Natur, sondern mehr auf unsere tierischen Ahnen zurückführbar, indem unsere Ausdrucksweisen der Verachtung den Bedrohungsriten der Tiere ähneln. Neben der gekräuselten Lippe und dem spöttischen Lächeln, bringt das herabsetzende Lachen die Art der Erniedrigung wohl am deutlichsten zum Ausdruck. Als fraglich stellt sich hierbei heraus, was genau die Satire zu einer Kunstform bzw. einer literarischen Gattung macht und in wie fern sich ästhetische Merkmale mit der Aggression und Lust der Bloßstellung vereinen lassen. Um eine wahre Satire darzustellen, ist es wichtig, dass sich der Publizierende in stetiger distanzvoller Wahrung zur Welt mit deren leidvollen Problematiken vertraut macht und gegebenenfalls die eigene Betroffenheit zum Ausdruck bringt. Diese Widrigkeiten des Lebens treten in die Verwendung indem die Satire als realistisches Mittel des Humors angewandt wird und in enger

---

[18] Hodgart, Matthew: Die Satire. München: Kindler Verlag GmbH 1969, S. 9.
[19] Freund, Winfried. Die literarische Parodie. Stuttgart: Metzler 1981, S. 18.
[20] Hodgart, Matthew: Die Satire. München: Kindler Verlag GmbH 1969, S. 10.

Verbindung mit der Fantasie die Travestie einer Situation und somit die unmittelbare Wirklichkeit darzustellen versucht. „Zur echten Satire gehört somit beides: die aggressive Attacke und die phantastische Vision einer verwandelten Welt." [21] Somit vereint die Satire eine unterhaltende und für das Begreifen der Welt prägnant wirkungsvolle Komponente, welche „eine besondere Haltung gegenüber der menschlichen Erfahrungen" [22] einnimmt. Indem die Satire in einer gewaltigen Formenvielfalt auftreten kann, da „selbst in den Jahrhunderten regelgebundener Dichtung sich die Satiriker die Freiheit nahmen eine Vielzahl von Formen zu nutzen" [23], gehört sie wohl kaum zu den traditionellen Gattungen. Somit kann die Satire sowohl ein Bestandteil der gängigen Formen des Romans und der Komödie sein, erstreckt sich aber auch über fantastische Erzählungen bis hin zu Tierfabeln.

Von der breitausgeführten Schmährede und der kruden Invektive bis zur subtilen Anspielung und der Satire auf des Menschen Dummheit, seine Unersättlichkeit und sein Verkennen der richtigen Proportionen, sind alle nur erdenklichen Positionen vertreten.[24]

Ein Beispiel für den ersteren Typ, die Schmährede oder Invektive, bilden Spottlieder, welche darauf zielen die Gesellschaft von einer lästigen Bürde zu befreien, in dem sie eine moralische Absicht verfolgen. Die Literatur als eine öffentliche Angelegenheit, enthält den Keim einer moralischen und politischen Satire, welche uns richtiges Verhalten zu lehren versucht und in dieser Primitivform in allen Literaturen „durch Moral heilt, was sie durch Witz verletzt hat." [25] Jedoch machen moralische und politische Absichten und Belehrungen, wenn sie mit Humorhaftigkeit vorgetragen werden, noch lang keine Satire aus und binden sich somit maßgeblich an den Faktor der Unterhaltsamkeit, die sich darin versteht eine primitive Travestie bzw. Verkehrung der Welt zu publizieren. Darüber hinausgehend steht besonders die Tierfabel in der Verwendung milder Ironie und moralischen Unterweisens, die fähig ist Gesellschaftskritik wirkungskräftig zum

---

[21] ebd., S. 17.
[22] ebd., S. 18.
[23] vgl. ebd.
[24] ebd., S. 20.
[25] ebd., S. 21.

Ausdruck zu bringen. Ein hierbei deutlich konstantes Element stellt das Obszöne dar, welches sich oft schwer von der Pornographie im Zuge der Beschreibung sexueller Vorgänge unterscheiden lässt. Der Darstellung dessen dienen Beschreibungen des Aktes, der Liebeswerbung oder von Perversitäten, die eine gute Satire erst auszumachen scheinen. Dementsprechend herrscht eine Verknüpfung der fantastischen Dichtung mit der Obszönität vor und kommt im Rahmen der Saturnalien unverhüllt zur Sprache, indem der Satiriker eine Bloßstellung des Menschen pflegt und dessen Lächerlichkeit zum Ausdruck bringt. „Streng genommen, gehört das travestierende Verfahren zu den Techniken der Diminution" [26], in der Stilimitationen zu komischen und kritischen Zwecken, oft gestützt durch argumentative Verfahrensweisen, eingesetzt werden. Ein gelegentlich genutztes Verfahren der Parodisten bildet das Groteske heraus. „Das Groteske verwirklicht sich im Nebeneinander heterogener Bereiche und sprengt dadurch die empirisch vertraute Erwartung." [27] Grotesk- komische Verführungsszenerien leben dabei über Jahrhunderte hinweg bis in die Gegenwart von gewissen Figurenkonstellationen, Sexualwitzen und Situationskomik, sodass der didaktische Aspekt mit der Komik einer Handlung eindeutig in Verbindung steht. [28] Die verwendete Art der Travestie bzw. des Grotesken ist also eine Art Requisit der Satire, stellt aber in ihrer alleinigen Verwendung keine bloße Satire dar. „Will sie als Satire erscheinen, muß die Travestie auch das andere Element enthalten, von dem die Rede war, nämlich die schonungslose Attacke auf menschliche Laster und Torheiten." [29] Die Beschimpfung gewisser Personen, sowie kritische Bemerkungen im Sinne politischer und gesellschaftlicher Umstände anhand der Hinwendung zu einem „unreinen" Gegenstand und der Nichteinhaltung gewisser Spielregeln der Gesellschaft, gelten als hinreichend für die nichttraditionelle literarische

---

[26] Freund, Winfried. Die literarische Parodie. Stuttgart: Metzler 1981, S. 22.

[27] ebd., S. 23.

[28] vgl. Bräuer, Prof. Dr. phil. habil. Rolf: Zur Entwicklung einer mittelalterlichen „Lachkultur". Chronologische, soziologische und ästhetische Interpretationsprobleme mit dem Suprastilistikum des Komischen in mittelalterlichen Texten. In: Langer, Prof. Dr. sc. phil. Horst (Hg.): Parodie und Satire in der Literatur des Mittelalters. Greifswald: Ostsee-Druck Rostock 1989, S. 182-183.

[29] Hodgart, Matthew: Die Satire. München: Kindler Verlag GmbH 1969, S. 38.

Gattung der Satire und bedürfen einer spurweisen Untermalung an Fantasie. Die Satire weißt also einen unverkennbar rekonstruktiven Charakter vor, was erklären mag weswegen die Satire bis zum Ende des 18. Jahrhunderts als dominierende literarische Form der Kritik am menschlichen Verhalten angesehen wurde.[30]

5.1 Gesellschaftskritik und Geschichtspessimismus – die skeptische Entlarvung der Welt durch die Satire

Um einen angemessenen Blick auf die satirische Dichtung des Mittelalters aufzuwerfen, muss dieser weniger auf die Gattungsgeschichte der Satire sondern mehr auf die Satire als Schreibweise gerichtet werden. Dabei steht die gattungsübergreifende satirische Schreibweise in der Abhängigkeit zweier grundlegender Bedingungen: zum einen sind dies gewisse Normen, auf welche sich satirisches Sprechen bezieht oder beruft, zum andern gilt hier das Verhältnis von Sprache zur literarischen Tradition als erwähnenswert. [31] Außerdem fordert die Sprache der Satire einen Intellekt und sprachlichen Spieltrieb heraus und greift so in poetischer Hinsicht auf literarische Muster und Traditionen zurück um dem wahren Zustand der historisch- gesellschaftlichen Welt und dem moralischen Wert des Menschen auf den Grund zu gehen.

Der Träger der satirischen Desillusionierung der menschliches Handeln entlarvend analysiert, um den Menschen ‚nackend' zu zeigen, um Sein und Schein, Wahrheit und Maske zu sondern und auf diese Weise die Deckungslücke zwischen absolutem und moralischen Anspruch und schlechter Realität zu enthüllen, ist Leviathan.[32]

Die Technik der Entlarvung wird durch eine ironische Verkehrung zum Ausdruck gebracht, in der deutlich wird, was „der gesellschaftlich verachtete Stand dem Vornehmen voraus hat." [33] Die historische

---

[30] vgl. Freund, Winfried. Die literarische Parodie. Stuttgart: Metzler 1981, S. 20.

[31] vgl. Henkel, Nikolaus: Gesellschaftssatire im Mittelalter. In: Haye, Thomas, Franziska Schnoor (Hg.): Epochen der Satire. Traditionslinien einer literarischen Gattung in Antike, Mittelalter und Renaissance. Hildesheim: Weidmannsche Verlagsbuchhandlung GmbH 2008, S. 95- 96.

[32] ebd.

[33] Seibert, Regine: Satirische Empirie. Literarische Struktur und geschichtlicher Wandel der Satire in der Spätaufklärung. Würzburg: Verlag Dr. Johannes Königshausen und Dr. Thomas Neumann 1981, S. 124.

Entwicklung ist an das moralische Wesen des Menschen gebunden und begründet den Geschichtspessimismus durch die alleinige Entwicklung der Menschheit und des daraus resultierenden Verlustes der Humanität, da „auch über Geschichte [ ] keine Vermittlung von schlechter Realität und moralisch- vernünftiger Ordnung mehr garantiert [ist].“ [34] Mit sohin begründet sich satirisches Schreiben oder Sprechen durch universale Sinnzweifel und üben in Bezogenheit auf geschichtliche und metaphysische Kategorien moralisch fundierte Weltkritik, weswegen die Komponente der Aktualität der Satire als durchaus vordergründig anzusehen ist um politische und sozialkritische Satire zu publizieren. „In witzigen Metaphernkomplexen wird die höfische Welt [...] mit deutlichem Verweis auf den Zustand der Zerrüttung im Politischen und den Verfall im Moralischen [satirisiert, H.F.].“ [35] Durch eine Verkehrung der politischen und rechtlichen Verhältnisse wird die gesellschaftliche Ordnung von innen entkräftigt, sodass ihre ethischen Werte untergraben werden. Die humoristisch, kritische und pessimistische Weltwahrnehmung umschließt also die satirische Perspektive.“

5.2 Zur Technik und Verfahrensweise des satirischen Erzählens

Die Satire gilt schon allein aufgrund ihres zum Ausdruck bringen des Politischen, des Sexuellen oder von menschlichen Torheiten zu einer Gattung, die sich von allen literarischen Schreibweisen abhebt, aber dahingehend ein begrenztes Repertoire an Techniken und Verfahrensweisen vorzeigt. „Obwohl nämlich die Satire oft gerade die häßlichsten Seiten der menschlichen Existenz beleuchtet, will sie uns zum Lachen bringen oder doch wenigstens zum Schmunzeln.“ [36] Dabei begreift sich das Lachen laut Hobbes als ein Triumphgefühl und lässt uns in diesem Moment mit unserer eigenen Überlegenheit eins werden. Das spöttische Lachen, eine Art aggressive Geste, wird dem Satiriker zu Teil und inkludiert die Entlarvung, die Herabsetzung von Höherem und die

---

[34] ebd., S. 87.
[35] ebd, S. 123.
[36] Hodgart, Matthew: Die Satire. München: Kindler Verlag GmbH 1969, S. 115.

Parodie und Travestie in all ihren Facetten. Den Kern der literarischen Satire bildet der Esprit, welcher ursprünglich Verstand, Verstehen oder Klugheit genannt wurde. „Die prinzipielle Technik des Satirikers ist die Reduktion: die Herabsetzung oder Abwertung des Opfers durch Verminderung seiner Statur und seiner persönlichen Würde." [37] Dies bringt der Autor/ die Autorin im Laufe der Handlung hervor und setzt es in den Bereichen des Stils und der Sprache weiter fort. Doch nicht nur das menschliche Dasein, sondern auch die Tierwelt wird von Satirikern immer wieder aufgegriffen. Diesbezüglich soll daran erinnert werden, „daß der homo sapiens trotz seiner gewaltigen geistigen Fähigkeiten bloß ein Säugetier ist." [38] Abgesehen des Themas der Sterblichkeit, welches Satiriker besser den Dramatikern und Lyrikern überlassen wollen, bedient sich die Satire allen vorstellbaren Wesensmerkmalen der Tierwelt. Die Satiriker tendieren dazu alles auf einen Nenner reduzieren zu wollen und appellieren an den „„common sense', die biedere Vernunft und die simple Logik" [39], welche durch äußerst einfache, klare und geschmeidige Sprache Ausdruck verliehen bekommt. Dabei beraubt der Satiriker seine Opfer, um sie einer Bloßstellung auszusetzen, des Ranges und der Kleider um deren dahinterliegende Nacktheit hervorzubringen und versucht sich dementsprechend hinter einer Art Maske zu verstecken um sich der Reduktionsform der Demaskierung zu bedienen. Die Satire als eine urbane Kunst kann aber durch solche Kunstgriffe zum Verhängnis eines jeden Satirikers werden, da er/ sie selbst als ständig verwundbar gilt, weil unangenehme Wahrheiten ausgesprochen werden und sich die Versuchung auftun könnte in Hochmut und Vulgarität zu verfallen. [40] Je mehr der Satiriker sich hierbei auf pure Invektive, also eine Ausübung reiner Beleidigungen, beschränkt, desto größer wird die Gefahr einer Infizierung durch die Bazillen des Feindes. Natürlich ist die Invektive eine der wirkungsvollsten Waffen, welche aber nach einer gewissen Eleganz verlangt um die Härte der Inhalte zum Ausdruck bringen zu können. Die

---

[37] ebd., S. 122.
[38] ebd., S. 123.
[39] ebd., S. 132.
[40] vgl. ebd., S. 135.

Invektive wird im Gegensatz zur Verfahrensweise der Ironie nur dann verwendet, wenn der Satiriker bestrebt ist das Publikum zu schockieren. „Ironie bedeutet streng genommen ‚Verstellung' und basiert auf der systematischen Manipulation von Ambivalenzen." [41] Während die Ironie eine ästhetische Form der Wirklichkeitsverarbeitung darstellt, eröffnet sie sowohl humoristische als auch ernsthafte Passagen und dient im Allgemeinen dazu

innerer Zerissenheit zu begegnen und Ausdruck zu geben, wie als Möglichkeit, über die wahrgenommene Misere sich zu erheben, als listig-rhetorische Täuschung der Zensur wie als poetisch- rhetorisches Kunstmittel. Und nicht zuletzt als Deutungsmöglichkeit unauflöslicher Widersprüche in der Welt, als Eingeständnis aber auch der Begrenztheit menschlicher Einsichts- und Handlungsfähigkeit. [42]

Die Ironie wurde der Unbehaglichkeit des Lesers und dessen Selbstgefälligkeit wegen benutzt um Mitstreiter gegen die Dummheit der Welt für sich zu gewinnen. Dabei gilt es als hinreichend, dass der Satiriker die Rolle einer Maske, also einer fiktiven Person annimmt, um sterile Trockenheit parodieren zu können. Dies muss zudem im richtigen Augenblick und in der richtigen Intensität erfolgen, das heißt, der Satiriker muss unter Berücksichtigung des richtigen Maßes an Ironie „den wirkungsvollsten Zeitpunkt finden, um seine Maske fallenzulassen und seinen Standpunkt klarzulegen." [43]

5.3 Die Parodie als besondere Form der Satire

Die Parodie als eine andere Form der „Nachäffung" und als spezifische Art der Satire begründet die Basis literarischer Satire schlechthin, bildet sich durch eine Verzerrung des Stils eines anderen Autors [44] und reagiert so in „ihrer literarischen Ausprägung [...] auf Gattungen, Redeweisen, Stile und deren Rezeption." [45] Ziel dieser Methode ist die Herstellung einer

[41] ebd., S. 137.
[42] Schnell, Ralf: Die verkehrte Welt. Literarische Ironie im 19. Jahrhundert. Stuttgart: Metzler 1989, S. 79.
[43] Hodgart, Matthew: Die Satire. München: Kindler Verlag GmbH 1969, S. 137.
[44] vgl. ebd., S. 129.
[45] Freund, Winfried. Die literarische Parodie. Stuttgart: Metzler 1981, S. 14.

Diskrepanz zwischen des Bezugstextes und einer Verarbeitung sekundären Ranges, sodass je nach Intention seriöse oder triviale Parodien entstehen. Seriöse Parodien beinhalten dabei kritische Auseinandersetzungen mit Bewusstseinsgehalten und streben „die Aufhebung bewußtseinsverengender Negativität an" [46], was „kritisch" als Synonym für „satirisch" implizieren zu scheint. „Ihr ausschließliches Ziel ist die Negation von Bornierungen aller Art." [47] Das Ziel trivialer Parodien hingegen ist die bloße Belustigung, welche sich fern von kritischen Auseinandersetzungen bewegt. Paul Lehmann begreift dementsprechend triviale Parodie als „solche literarische Erzeugnisse, die einen als bekannt vorausgesetzten Text mit beabsichtigter Komik nachahmen und ihn verzerren" [48], sodass sich die Komik zum Selbstzweck etabliert. Im Zuge dessen wurden sogar oft die Ordensregeln, also das göttliche System der Dinge, sowie die menschlichen Verhaltensweisen, parodiert und machten somit die Einflüsse des christlichen Glaubens zu einem maßgeblichen Teil der Parodie des Mittelalters. „Die Parodie ist, kulturgeschichtlich betrachtet, ein Zugeständnis an den unter dem Joch christlicher Askese lebenden mittelalterlichen Menschen." [49] Die schwankhafte Komik zeichnete sich zu dieser Tage durch Unreflektiertheit und erotische Freizügigkeit aus, worin sich auch die Irritation ständischer Ordnung auszeichnet.

6 Satire und Parodie in Bezogenheit auf den „Reinhart Fuchs"

Reineke Fuchs, welcher bis ins Mittelalter als eine Hauptfigur des Tierepos galt, lässt all seine Zurschaustellungen in seiner Listigkeit zusammenlaufen. Erzählt wird die Geschichte des listigen Fuchses, welcher sich durch Bosheiten und oft geniale Intrigen gegen all seine Widersacher durchsetzt.

---

[46] ebd., S. 15.
[47] ebd., S. 20.
[48] ebd., S. 41.
[49] ebd, S. 43.

Hier werden des Menschen sinnreiches Handeln, seine ehrgeizigen Ziele, auf die er so stolz ist, und die Lust, deren er sich schämt, auf das Niveau tierischer Instinkte gesenkt: das phlegmatische Schwein, der listige Fuchs. [50]

Der Autor verwendet tierische Protagonisten, hierbei hauptsächlich Streitereien zwischen des brutalen Wolfs und des schlauen, listigen Fuchses, um die ritterlicher Gesellschaft zu verspotten. Darin werden diverse Themenbereiche wie Rechtssprechung, Klosterleben, Verwandtschaft, ritterliche Kultur, Untreue, Minnesang, gewisse Perversitäten und politische, sowie gesellschaftskritische Züge satirisch betrachtet. Wolf und Fuchs bilden in der Tierfabel eine ganz besondere und zentrale Partie und schmieden hierbei eine Allianz durch die Stärke des Wolfes und die Klugheit des Fuchses, wodurch Reinhart in die Familie des Isengrin aufgenommen wurde. Reinhart beabsichtigt jedoch keine Treue, sondern „minne" an Isengrin auszuüben, weswegen der Wolf auf jeglichen Abenteuern mit deutlicher Unterlegenheit hervorgeht, was sich besonders in den Höhepunkten des doppelten Schwanzverlustes und der Vergewaltigung seiner Frau darstellt. Diese Abenteuer bilden durch Reinharts Untreue und dessen Ehrenlosigkeit eine Klimax und stellen die Stationen von Reinharts Triumph der List dar. Somit wird der Fuchs aus parodistischer Sichtweise sowohl als Schelm, aber auch als Held angesehen und als „pikaresk[er], insgeheim bewundert[er] Übeltäter" [51] bezeichnet.

6.1 Das Meisenabenteuer (V. 177 – 312)

Im folgendem Abschnitt beziehen wir uns auf die Geschichte des „Reinhart Fuchs" von Heinrich dem Glîchezâre. [52]

Das Meisenabenteuer bzw. die Geschehnisse, die Reinhart mit der kleinen Meise erlebt, umfassen die Verse 175 bis 311. Reinhard zeigt eine Art von Mangel, der nach seiner Tücke im Hühnerstall noch nicht

---

[50] Hodgart, Matthew: Die Satire. München: Kindler Verlag GmbH 1969, S. 124.
[51] Mailahn, Klaus: Der Fuchs in Glaube und Mythos. Band 11. Berlin: Lit Verlag 2006, S. 393.
[52] Der Glîchezâre, Heinrich: Reinhart Fuchs. Mittelhochdeutsch. Neuhochdeutsch. Stuttgart: Reclam 2005.

abgeklungen ist. Er hat Hunger und versucht nun diesen, durch die Konfrontationen mit der Meise, zu stillen, nachdem ihm seine List am Hahn nicht gelungen ist. Reinhart versucht eine Attribution, eine Lösung seines Problems zu finden, indem er an die Verwandtschaftstreue der Meise appelliert. Sein „Kusinchen" soll ihre Treue gegenüber der Familie unter Beweis stellen und seinen Mund streicheln, ihn sogar küssen.[53] Die List hinter dieser Aussage ist schon zu erkennen, jedoch wird diese durch den Satz: „ich bin dir ohne Arg zugetan!"[54] noch einmal verstärkt. Die Meise behält in dieser Situation die Dominanz und überlistet ihren Cousin. „Da ergriff sie mit ihrem Fuß ein Stückchen Dreck, hüpfte von Ast zu Ast und ließ es ihm genau ins Maul fallen."[55] In diesem Moment erkennt die Meise die eigentliche Bosheit und List des Fuchses, da dieser nach dem Dreck schnappte und ihn fressen will.[56] Die Meise fliegt daraufhin davon und lässt Reinhart mit seiner Unzufriedenheit und ohne Essen zurück. Dieser ist über sich selbst erbost und kann es nicht glauben, dass er von einer kleinen Meise überlistet wurde.[57] Der Fuchs zieht weiter und erblickt auf einem Ast, hoch oben in den Bäumen einen Raben. Dieser trägt den Namen Diezelin und besitzt ein Stück Käse, welches Reinharts Hunger stillen und zu einer Attribution des Problems führen könnte.[58] Reinhart überlegt sich erneut eine List bzw. eine Tücke und bittet den Raben etwas zu singen, mit der Begründung „Ich würde gerne deinen Gesang hören, ob er wie deines Vaters Weise wäre."[59] Der Rabe, welcher sich beweisen und profilieren will, beginnt ein Lied anzustimmen, wobei ihm dabei das Stück Käse aus dem Schnabel fällt.[60] Reinhart, der sich nicht direkt auf das Stück Käse stürzt, wird übermütig und gierig. Er bittet nun den Raben zu ihm hinunter zu fliegen und ihm zu helfen, da der Gestank des Käses seine Wunden, unter denen er leidet, noch verschlimmern würde.[61] Der

---

[53] vgl. V. 177-185.
[54] V. 188.
[55] V. 203 – 205.
[56] vgl. V. 206 – 210.
[57] vgl. V. 215.
[58] vgl. V. 221 – 225.
[59] V. 236 – 237.
[60] vgl. V. 240 – 252.
[61] vgl. V. 257 – 270.

Rabe möchte seinem Verwandten helfen und begibt sich zu ihm, jedoch wird er von seinem Vetter gefasst. [62] Diezelin kommt gerade noch davon und erkannte in diesem Moment die Hinterlist und Gier Reinharts. Gier war ein problematisches Konstrukt im Mittelalter und galt als Laster der Menschheit. Durch seine Gier nach Mehr konnte Reinharts Mangel am Ende nicht gestillt werden. Die Situation endet damit, dass der Fuchs von herannahenden Jägern und deren Jagdhunden gejagt wird. [63] Er wird fast von ihnen erwischt, kann sich jedoch letztendlich durch eine weitere List retten, indem er schnell unter einem Baumstamm springt und sich somit vor den Verfolgern schützt. [64] Reinhart versucht über die List an Beute zu gelangen und dadurch seinen Hunger zu stillen. Bezieht man die weiteren Erklärungen und Erläuterungen auf gesellschaftliche und soziale Verhältnisse, kritisiert Heinrich der Glîchezâre hierbei die höfische Kultur und parodiert das Bild des ritterlichen Helden und des Ritters im Allgemeinen. Führt man diesen Gedanken weiter, ähnelt Reinhart Fuchs einer Gesellschaft im mittelalterlichen 12. Jahrhundert. Heinrich bezieht hier kritisch Stellung zu gesellschaftlichen und politischen Geschehnissen und erfüllt damit die wichtigste Charakteristik eines satirischen Textes. Der christliche Glauben spielte eine wichtige Rolle und die Gesellschaft war seinerzeit in Stände gegliedert. Die Grundherrschaft oblag dem König, der über die verschiedenen Stände regierte und herrschte. Ersichtlich ist dieses Schema auch in Reinhart Fuchs, in dem der König, wiedergegeben durch den Löwen, regiert. Dahingehend kann man den ersten interpretatorischen Gedanken formulieren und Reinhart als Widerspiegelung eines Ritters ansehen, welcher nach ritterlicher Ehre und den Tugenden strebt, schließlich aber immer wieder scheitert. Letztendlich kommt es sogar zum Fall des Löwenkönigs, was als „geschlossen, literarische Entlarvung der höfischen Welt" [65] betitelt wird. Reinhart, der als untreu und listig beschrieben wird, kommt schlussendlich mit allem davon, was die Abneigung Heinrichs gegenüber der gesellschaftlichen Zustände

---

[62] vgl. V. 275 – 281.
[63] vgl. V. 290 – 300.
[64] vgl. V. 305 – 311.
[65] Bahr, Ehrhard (Hg.): Geschichte der deutschen Literatur. Vom Mittelalter bis zum Barock. Tübingen. Francke Verlag 1987, S.104.

beschreibt.[66] Jeder Ritter bzw. Adliger konnte mit all seinen Untaten und Tücken davonkommen und bekam keine Konsequenz zu spüren. Auch auf die staufische Herrschaftsform wird in diesem Epos angespielt. Die satirische und parodische Art des Fuchses ist in diesem Versabschnitt klar zu erkennen. Über das dauerhafte Appellieren an die Verwandtschaftstreue versucht er an sein Ziel zu kommen und seinen Mangel zu kompensieren. Man könnte dabei einen weiteren interpretatorischen Gedanken vermuten, nämlich Heinrichs Anspielung auf die generellen Familien- und Verwandtschaftsverhältnisse, welche er versucht zu parodieren. Eine Familie zu mittelalterlichen Zeiten war sehr groß und besaß viele Verwandte, die ihnen auch teilweise nicht ähnelten. Ähnlich verläuft das mit den Verwandten des Fuchses Reinhart. Er besitzt eine Cousine, die Meise, einen Vetter, den Raben, und der Hahn gehört ebenfalls zu seiner Verwandtschaft. Betrachtet man die naturgegebenen Komponenten sind diese Tiere des Fuchses potenzielle Nahrung, daher kann man hier die satirische Anspielung erkennen. Auch, dass die Gier und Lust des Fuchses in diesen Versabschnitten nie gänzlich gestillt wird, lässt ebenfalls einen satirischen Bezug auf die gesellschaftlichen Verhältnisse zu. Der Fuchs symbolisiert hierbei einen Menschen ritterlicher oder adliger Herkunft, die damals eher als tugendhaft und treu betitelt wurden. Indem Heinrich dem Fuchs nun die Eigenschaften „untreu", „listig" und „gierig" zuweist, parodiert er die ritterliche Gesellschaft und den Adel. Das Verhalten des Fuchses ist alles andere als tugendhaft und edel. Er beglückt sich an dem Schaden anderer und ist nur auf sein eigenes Wohlergehen aus. Auch in weiterführenden Textpassagen ist der satirische Gedanke Heinrichs erkennbar.

---

[66] vgl. ebd.

7 Fazit

In der obigen Szenenanalyse wird die Satire anhand der Verspottung von Verwandtschaftsverhältnissen und einer Ausübung von politisch-gesellschaftlicher Kritik dargelegt. Bei der genaueren Betrachtung anderer Szenen des Werkes wird deutlich, dass sich Glîchezâre nicht nur auf jene Aspekte beschränkt, sondern ebenso die Themenbereiche der Rechtssprechung, des Klosterlebens, der Untreue oder der Sexualität mit einbezieht. Die Vielschichtigkeit des Begriffes Satire und die Relevanz des Lehrgedankens wird anhand dieses Werkes deutlich aufgezeigt. Die moralische Energie der Satire wird somit über die skeptische Entlarvung der Welt symbolisiert. Durch eine gewisse Konfrontation mit der historischen Verfasstheit der Welt wird ein jedes Individuum gezwungen sich bewusst mit dem moralisch-praktischen Geschäft der Satire auseinander zu setzen. Der gesellschaftlich-moralische aber auch appellative Charakter der Satire fordert eine kontinuierliche Interpretation der uns umgebenen Welt. Durch die Auseinandersetzung mit satirischen Formulierungen, gelingt es dem Lesenden in die literarische Welt der Satire einzutauchen und die parodischen Texte des Mittelalters und der Neuzeit in ihrer Gänze nachvollziehen zu können.

8 Literatur- und Quellenverzeichnis

Bahr, Ehrhard (Hg.): Geschichte der deutschen Literatur. Vom Mittelalter bis zum Barock. Tübingen. Francke Verlag 1987.

Bräuer, Prof. Dr. phil. habil. Rolf: Zur Entwicklung einer mittelalterlichen „Lachkultur". Chronologische, soziologische und ästhetische Interpretationsprobleme mit dem Suprastilistikum des Komischen in mittelalterlichen Texten. In: Langer, Prof. Dr. sc. phil. Horst (Hg.): Parodie und Satire in der Literatur des Mittelalters. Greifswald: Ostsee- Druck Rostock 1989.

Der Glîchezâre, Heinrich: Reinhart Fuchs. Mittelhochdeutsch. Neuhochdeutsch. Stuttgart: Reclam 2005.

Freund, Winfried. Die literarische Parodie. Stuttgart: Metzler 1981.

Henkel, Nikolaus: Gesellschaftssatire im Mittelalter. In: Haye, Thomas, Franziska Schnoor (Hg.): Epochen der Satire. Traditionslinien einer literarischen Gattung in Antike, Mittelalter und Renaissance. Hildesheim: Weidmannsche Verlagsbuchhandlung GmbH 2008.

Hodgart, Matthew: Die Satire. München: Kindler Verlag GmbH 1969.

Ruffing, Reiner. Deutsche Literaturgeschichte. München: Wilhelm Fink Verlag 2013.

Schlosser, Horst Dieter: dtv- Atlas. Deutsche Literatur. München: Deutscher Taschenbuch Verlag 1983.

Schnell, Ralf: Die verkehrte Welt. Literarische Ironie im 19. Jahrhundert. Stuttgart: Metzler 1989.

Seibert, Regine: Satirische Empirie. Literarische Struktur und geschichtlicher Wandel der Satire in der Spätaufklärung. Würzburg: Verlag Dr. Johannes Königshausen und Dr. Thomas Neumann 1981.

Zumbült, Beatrix. Die europäischen Illustrationen des „Reineke Fuchs" bis zum 16. Jahrhundert. Band 1: Textteil. Münster: Westfälische Wilhelms-Universität Münster 2011.

BEI GRIN MACHT SICH IHR WISSEN BEZAHLT

- Wir veröffentlichen Ihre Hausarbeit,
  Bachelor- und Masterarbeit

- Ihr eigenes eBook und Buch -
  weltweit in allen wichtigen Shops

- Verdienen Sie an jedem Verkauf

Jetzt bei www.GRIN.com hochladen
und kostenlos publizieren